AF509117

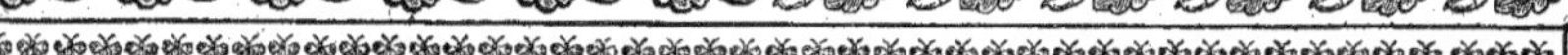

# Fonderie

DE

# FIRMIN DIDOT

## FRÈRES,

Rue Jacob, N° 24, à Paris.

## 2ᴱ CAHIER,

Contenant

### Les Caractères Grecs.

PRIX DU CAHIER : 1 FR. 50 C.

**Imprimerie de Firmin Didot Frères,**

*Imprimeurs-Libraires, Graveurs et Fondeurs en caractères, Fabricants d'encre d'imprimerie et de papiers, rue Jacob, N° 24.*

Juillet 1831.

# 𝕱𝖔𝖓𝖉𝖊𝖗𝖎𝖊.

Les Caractères de la Fonderie de MM. Firmin Didot Frères sont fondus en matière extrêmement durable ; et même, au moyen d'un alliage particulier, ils peuvent acquérir encore une solidité presque double. La division par points typographiques, établie de père en fils dans cet établissement, offre un avantage très-grand aux Imprimeurs, qui peuvent composer les tableaux les plus compliqués avec une justesse mathématique, puisque le calcul suffit pour leur indiquer les rapports de chaque caractère entre eux. Ainsi, par exemple, la ligne de pied de Roi, qui a servi de base à ce système, étant divisée en six points typographiques, le Six ( ou Nonpareille, d'après l'ancienne dénomination) forme juste une ligne ; le Douze ( ou Saint-Augustin faible), deux lignes. Par conséquent, deux Six auront juste la même force de corps que le Douze. Une force de vingt-quatre points pourra se composer ou de quatre Six, ou de deux Douze, ou de trois Huit, ou enfin d'une innombrable quantité de combinaisons, et qui formeront toujours une force de corps rigoureusement semblable à celle que l'on veut obtenir.

Les Épreuves des Caractères allemands, russes, polonais, etc., qui existent dans la Fonderie de MM. Firmin Didot Frères, paraîtront successivement.

MM. Firmin Didot peuvent fournir l'Encre de leur fabrique, entièrement semblable à celles qu'ils employent dans leur imprimerie, aux prix suivants :

| | | |
|---|---|---|
| N° 1, Encre commune........................ | 1 fr. 50 c. le 1/2 kil. | |
| N° 2, Encre ordinaire....................... | 2 | » |
| N° 3, Encre fine........................... | 2 | 25 |
| N° 4, Encre pour ouvrages soignés............. | 3 | » |
| N° 5, Encre extraordinaire.................... | 6 | |
| Vernis pour Encre de couleur............ | 1 | 50 |
| Noir de fumée........................... | 2 | 50 |

Ils fournissent aussi des Presses en fonte, d'après le modèle donné par lord Stanhope, et exécutées avec le plus grand soin, au prix de 1,450 fr.

### Non interligné.

Θουκυδίδης Ἀθηναῖος ξυνέγραψε τὸν πόλεμον
τῶν Πελοποννησίων καὶ Ἀθηναίων, ὡς ἐπολέμησαν
ἀλλήλους· ἀρξάμενος εὐθὺς καθισταμένου, καὶ
ἐλπίσας μέγαν τε ἔσεσθαι καὶ ἀξιολογώτατον τῶν
προγεγενημένων· τεκμαιρόμενος, ὅτι ἀκμάζοντές
τε ἦσαν ἀμφότεροι παρασκευῇ τῇ πάσῃ, καὶ τὸ
ἄλλο Ἑλληνικὸν ὁρῶν ξυνιστάμενον πρὸς ἑκατέ-
ρους, τὸ μὲν εὐθὺς, τὸ δὲ καὶ διανοούμενον.
Κίνησις γὰρ αὕτη μεγίστη δὴ τοῖς Ἕλλησιν ἐγέ-
νετο, καὶ μέρει τινὶ τῶν βαρβάρων, ὡς δὲ εἰπεῖν,
καὶ ἐπὶ πλεῖστον ἀνθρώπων· τὰ γὰρ πρὸ αὐτῶν,
καὶ τὰ ἔτι παλαιότερα, σαφῶς μὲν εὑρεῖν διὰ
χρόνου πλῆθος ἀδύνατα ἦν· ἐκ δὲ τεκμηρίων, ὧν
ἐπὶ μακρότατον σκοποῦντί μοι πιστεῦσαι ξυμ-
βαίνει, οὐ μεγάλα νομίζω γενέσθαι, οὔτε κατὰ
τοὺς πολέμους, οὔτε ἐς τὰ ἄλλα.

β'. Φαίνεται γὰρ ἡ νῦν Ἑλλὰς καλουμένη,
οὐ πάλαι βεβαίως οἰκουμένη, ἀλλὰ μεταναστά-
σεις τε οὖσαι τὰ πρότερα, καὶ ῥᾳδίως ἕκαστοι
τὴν ἑαυτῶν ἀπολείποντες, βιαζόμενοι ὑπό τινων
ἀεὶ πλειόνων. Τῆς γὰρ ἐμπορίας οὐκ οὔσης, οὐδ'
ἐπιμιγνύντες ἀδεῶς ἀλλήλοις, οὔτε κατὰ γῆν,
οὔτε διὰ θαλάσσης, νεμόμενοί τε αὕτων ἕκαστοι
ὅσον ἀποζῆν καὶ περιουσίαν χρημάτων οὐκ ἔχον-
τες, οὐδὲ γῆν φυτεύοντες (ἄδηλον ὂν, ὁπότε τὶς
ἐπελθών, καὶ ἀτειχίστων ἅμα ὄντων, ἄλλος ἀφαι-
ρήσεται) τῆς τε καθ' ἡμέραν ἀναγκαίου τροφῆς
πανταχοῦ ἂν ἡγούμενοι ἐπικρατεῖν, οὐ χαλεπῶς
ἀπανίσταντο. Καὶ δι' αὐτὸ, οὔτε μεγέθει πόλεων
ἴσχυον, οὔτε τῇ ἄλλῃ παρασκευῇ. Μάλιστα δὲ
τῆς γῆς ἡ ἀρίστη ἀεὶ τὰς μεταβολὰς τῶν οἰκη-
τόρων εἶχεν· ἥ τε νῦν Θεσσαλία καλουμένη, καὶ
Βοιωτία, Πελοποννήσου τε τὰ πολλά, πλὴν
Ἀρκαδίας, τῆς τε ἄλλης ὅσα ἦν κράτιστα. Διὰ
γὰρ ἀρέτην γῆς, αἵ τε δυνάμεις τισὶ μείζους
ἐγγινόμεναι, στάσεις ἐνεποίουν, ἐξ ὧν ἐφθεί-
ροντο, καὶ ἅμα ὑπὸ ἀλλοφύλων μᾶλλον ἐπεβου-
λεύοντο. Τὴν γοῦν Ἀττικὴν, ἐκ τοῦ ἐπιπλείστον,
διὰ τὸ λεπτόγεων, ἀστασίαστον οὖσαν, ἄνθρωποι
ᾤκουν οἱ αὐτοὶ ἀεί. Καὶ παράδειγμα τόδε τοῦ
λόγου οὐκ ἐλάχιστόν ἐστι, διὰ τὰς μετοικίας, ἐς
τὰ ἄλλα μὴ ὁμοίως, αὐξηθῆναι. Ἐκ γὰρ τῆς
ἄλλης Ἑλλάδος πολέμῳ ἢ στάσει ἐκπίπτοντες,
παρ' Ἀθηναίους οἱ δυνατώτατοι, ὡς βέβαιον ὂν,
ἀνεχώρουν· καὶ πολῖται γιγνόμενοι, εὐθὺς ἀπὸ
παλαιοῦ μείζω ἔτι ἐποίησαν πλήθει ἀνθρώπων τὴν
πόλιν· ὥστε καὶ ἐς Ἰωνίαν ὕστερον, ὡς οὐχ ἱκανῆς
οὔσης τῆς Ἀττικῆς, ἀποικίας ἐξέπεμψαν·

### Interligné d'un point.

Θουκυδίδης Ἀθηναῖος ξυνέγραψε τὸν πόλεμον
τῶν Πελοποννησίων καὶ Ἀθηναίων, ὡς ἐπολέμησαν
ἀλλήλους· ἀρξάμενος εὐθὺς καθισταμένου, καὶ
ἐλπίσας μέγαν τε ἔσεσθαι καὶ ἀξιολογώτατον τῶν
προγεγενημένων· τεκμαιρόμενος, ὅτι ἀκμάζοντές
τε ἦσαν ἀμφότεροι παρασκευῇ τῇ πάσῃ, καὶ τὸ
ἄλλο Ἑλληνικὸν ὁρῶν ξυνιστάμενον πρὸς ἑκατέ-
ρους, τὸ μὲν εὐθὺς, τὸ δὲ καὶ διανοούμενον.
Κίνησις γὰρ αὕτη μεγίστη δὴ τοῖς Ἕλλησιν ἐγέ-
νετο, καὶ μέρει τινὶ τῶν βαρβάρων, ὡς δὲ εἰπεῖν,
καὶ ἐπὶ πλεῖστον ἀνθρώπων· τὰ γὰρ πρὸ αὐτῶν,
καὶ τὰ ἔτι παλαιότερα, σαφῶς μὲν εὑρεῖν διὰ
χρόνου πλῆθος ἀδύνατα ἦν· ἐκ δὲ τεκμηρίων, ὧν
ἐπὶ μακρότατον σκοποῦντί μοι πιστεῦσαι ξυμ-
βαίνει, οὐ μεγάλα νομίζω γενέσθαι, οὔτε κατὰ
τοὺς πολέμους, οὔτε ἐς τὰ ἄλλα.

β'. Φαίνεται γὰρ ἡ νῦν Ἑλλὰς καλουμένη,
οὐ πάλαι βεβαίως οἰκουμένη, ἀλλὰ μεταναστά-
σεις τι οὖσαι τὰ πρότερα, καὶ ῥᾳδίως ἕκαστοι
τὴν ἑαυτῶν ἀπολείποντες, βιαζόμενοι ὑπό τινων
ἀεὶ πλειόνων. Τῆς γὰρ ἐμπορίας οὐκ οὔσης, οὐδ'
ἐπιμιγνύντες ἀδεῶς ἀλλήλοις, οὔτε κατὰ γῆν,
οὔτε διὰ θαλάσσης, νεμόμενοί τε αὕτων ἕκαστοι
ὅσον ἀποζῆν καὶ περιουσίαν χρημάτων οὐκ ἔχον-
τες, οὐδὲ γῆν φυτεύοντες (ἄδηλον ὂν, ὁπότε τὶς
ἐπελθών, καὶ ἀτειχίστων ἅμα ὄντων, ἄλλος ἀφαι-
ρήσεται) τῆς τε καθ' ἡμέραν ἀναγκαίου τροφῆς
πανταχοῦ ἂν ἡγούμενοι ἐπικρατεῖν, οὐ χαλεπῶς
ἀπανίσταντο. Καὶ δι' αὐτὸ, οὔτε μεγέθει πόλεων
ἴσχυον, οὔτε τῇ ἄλλῃ παρασκευῇ. Μάλιστα δὲ
τῆς γῆς ἡ ἀρίστη ἀεὶ τὰς μεταβολὰς τῶν οἰκη-
τόρων εἶχεν· ἥ τε νῦν Θεσσαλία καλουμένη, καὶ
Βοιωτία, Πελοποννήσου τε τὰ πολλά, πλὴν
Ἀρκαδίας, τῆς τε ἄλλης ὅσα ἦν κράτιστα. Διὰ
γὰρ ἀρέτην γῆς, αἵ τε δυνάμεις τισὶ μείζους
ἐγγινόμεναι, στάσεις ἐνεποίουν, ἐξ ὧν ἐφθεί-
ροντο, καὶ ἅμα ὑπὸ ἀλλοφύλων μᾶλλον ἐπεβου-
λεύοντο. Τὴν γοῦν Ἀττικὴν, ἐκ τοῦ ἐπιπλείστον,
διὰ τὸ λεπτόγεων, ἀστασίαστον οὖσαν, ἄνθρωποι
ᾤκουν οἱ αὐτοὶ ἀεί. Καὶ παράδειγμα τόδε τοῦ
λόγου οὐκ ἐλάχιστόν ἐστι, διὰ τὰς μετοικίας, ἐς
τὰ ἄλλα μὴ ὁμοίους, αὐξηθῆναι.

# GREC DU HUIT.

**Non interligné.**

Θουκυδίδης Ἀθηναῖος ξυνέγραψε τὸν
πόλεμον τῶν Πελοποννησίων καὶ Ἀθη-
ναίων, ὡς ἐπολέμησαν ἀλλήλους· ἀρξά-
μενος εὐθὺς καθισταμένου, καὶ ἐλπίσας
μέγαν τε ἔσεσθαι καὶ ἀξιολογώτατον
τῶν προγεγενημένων · τεκμαιρόμενος,
ὅτι ἀκμάζοντές τε ἦσαν ἀμφότεροι πα-
ρασκευῇ τῇ πάσῃ, καὶ τὸ ἄλλο Ἑλληνι-
κὸν ὁρῶν ξυνιστάμενον πρὸς ἑκατέρους,
τὸ μὲν εὐθὺς, τὸ δὲ καὶ διανοούμενον.
Κίνησις γὰρ αὕτη μεγίστη δὴ τοῖς Ἕλ-
λησιν ἐγένετο, καὶ μέρει τινὶ τῶν βαρ-
βάρων, ὡς δὲ εἰπεῖν, καὶ ἐπὶ πλεῖστον
ἀνθρώπων · τὰ γὰρ πρὸ αὐτῶν, καὶ
τὰ ἔτι παλαιότερα, σαφῶς μὲν εὑρεῖν
διὰ χρόνου πλῆθος ἀδύνατα ἦν · ἐκ δὲ
τεκμηρίων, ὧν ἐπὶ μακρότατον σκο-
ποῦντί μοι πιστεῦσαι ξυμβαίνει, οὐ
μέγαλα νομίζω γενέσθαι, οὔτε κατὰ
τοὺς πολέμους, οὔτε ἐς τὰ ἄλλα.

β'. Φαίνεται γὰρ ἡ νῦν Ἑλλὰς καλου-
μένη, οὐ πάλαι βεβαίως οἰκουμένη,
ἀλλὰ μεταναστάσεις τε οὖσαι τὰ πρό-
τερα, καὶ ῥᾳδίως ἕκαστοι τὴν ἑαυτῶν
ἀπολείποντες, βιαζόμενοι ὑπό τινων
ἀεὶ πλειόνων. Τῆς γὰρ ἐμπορίας οὐκ
οὔσης, οὐδ' ἐπιμιγνύντες ἀδεῶς ἀλλή-
λοις, οὔτε κατὰ γῆν, οὔτε διὰ θαλάσ-
σης, νεμόμενοί τε αὐτῶν ἕκαστοι ὅσον
ἀποζῆν καὶ περιουσίαν χρημάτων οὐκ
ἔχοντες, οὐδὲ γῆν φυτεύοντες (ἄδηλον
ὂν, ὁπότε τὶς ἐπελθὼν, καὶ ἀτειχίστων
ἅμα ὄντων, ἄλλος ἀφαιρήσεται) τῆς
τε καθ' ἡμέραν ἀναγκαίου τροφῆς
πανταχοῦ ἂν ἡγούμενοι ἐπικρατεῖν, οὐ
χαλέπως ἀπανίσταντο. Καὶ δι' αὐτὸ,
οὔτε μεγέθει πόλεων ἴσχυον, οὔτε τῇ
ἄλλῃ παρασκευῇ. Μάλιστα δὲ τῆς γῆς
ἡ ἀρίστη ἀεὶ τὰς μεταβολὰς τῶν οἰκη-
τόρων εἶχεν · ἥ τε νῦν Θεσσαλία κα-
λουμένη, καὶ Βοιωτία, Πελοποννήσου
τε τὰ πολλὰ, πλὴν Ἀρκαδίας, τῆς τε
ἄλλης ὅσα ἦν κράτιστα. Διὰ γὰρ ἀρε-
τὴν γῆς, αἵ τε δυνάμεις τισὶ μείζους
ἐγγινόμεναι, στάσεις ἐνεποίουν, ἐξ ὧν
ἐφθείροντο, καὶ ἅμα ὑπὸ ἀλλοφύλων
μᾶλλον ἐπεβουλεύοντο.



**Interligné d'un point.**

Θουκυδίδης Ἀθηναῖος ξυνέγραψε τὸν
πόλεμον τῶν Πελοποννησίων καὶ Ἀθη-
ναίων, ὡς ἐπολέμησαν ἀλλήλους· ἀρξά-
μενος εὐθὺς καθισταμένου, καὶ ἐλπίσας
μέγαν τε ἔσεσθαι καὶ ἀξιολογώτατον
τῶν προγεγενημένων · τεκμαιρόμενος,
ὅτι ἀκμάζοντές τε ἦσαν ἀμφότεροι πα-
ρασκευῇ τῇ πάσῃ, καὶ τὸ ἄλλο Ἑλληνι-
κὸν ὁρῶν ξυνιστάμενον πρὸς ἑκατέρους,
τὸ μὲν εὐθὺς, τὸ δὲ καὶ διανοούμενον.
Κίνησις γὰρ αὕτη μεγίστη δὴ τοῖς Ἕλ-
λησιν ἐγένετο, καὶ μέρει τινὶ τῶν βαρ-
βάρων, ὡς δὲ εἰπεῖν, καὶ ἐπὶ πλεῖστον
ἀνθρώπων · τὰ γὰρ πρὸ αὐτῶν, καὶ
τὰ ἔτι παλαιότερα, σαφῶς μὲν εὑρεῖν
διὰ χρόνου πλῆθος ἀδύνατα ἦν · ἐκ δὲ
τεκμηρίων, ὧν ἐπὶ μακρότατον σκο-
ποῦντί μοι πιστεῦσαι ξυμβαίνει, οὐ
μέγαλα νομίζω γενέσθαι, οὔτε κατὰ
τοὺς πολέμους, οὔτε ἐς τὰ ἄλλα.

β'. Φαίνεται γὰρ ἡ νῦν Ἑλλὰς κα-
λουμένη, οὐ πάλαι βεβαίως οἰκουμένη,
ἀλλὰ μεταναστάσεις τε οὖσαι τὰ πρό-
τερα, καὶ ῥᾳδίως ἕκαστοι τὴν ἑαυτῶν
ἀπολείποντες, βιαζόμενοι ὑπό τινων
ἀεὶ πλειόνων. Τῆς γὰρ ἐμπορίας οὐκ
οὔσης, οὐδ' ἐπιμιγνύντες ἀδεῶς ἀλλή-
λοις, οὔτε κατὰ γῆν, οὔτε διὰ θαλάσ-
σης, νεμόμενοί τε αὐτῶν ἕκαστοι ὅσον
ἀποζῆν καὶ περιουσίαν χρημάτων οὐκ
ἔχοντες, οὐδὲ γῆν φυτεύοντες (ἄδηλον
ὂν, ὁπότε τὶς ἐπελθὼν, καὶ ἀτειχίστων
ἅμα ὄντων, ἄλλος ἀφαιρήσεται) τῆς
τε καθ' ἡμέραν ἀναγκαίου τροφῆς
πανταχοῦ ἂν ἡγούμενοι ἐπικρατεῖν, οὐ
χαλέπως ἀπανίσταντο. Καὶ δι' αὐτὸ,
οὔτε μεγέθει πόλεων ἴσχυον, οὔτε τῇ
ἄλλῃ παρασκευῇ. Μάλιστα δὲ τῆς γῆς
ἡ ἀρίστη ἀεὶ τὰς μεταβολὰς τῶν οἰκη-
τόρων εἶχεν · ἥ τε νῦν Θεσσαλία κα-
λουμένη, καὶ Βοιωτία, Πελοποννήσου
τε τὰ πολλὰ, πλὴν Ἀρκαδίας.

# GREC DU NEUF.

Θουκυδίδης Ἀθηναῖος ξυνέγραψε τὸν πόλεμον τῶν Πελοποννησίων καὶ Ἀθηναίων, ὡς ἐπολέμησαν ἀλλήλους· ἀρξάμενος εὐθὺς καθισταμένου, καὶ ἐλπίσας μέγαν τε ἔσεσθαι καὶ ἀξιολογώτατον τῶν προγεγενημένων· τεκμαιρόμενος, ὅτι ἀκμάζοντές τε ἦσαν ἀμφότεροι παρασκευῇ τῇ πάσῃ, καὶ τὸ ἄλλο Ἑλληνικὸν ὁρῶν ξυνιστάμενον πρὸς ἑκατέρους, τὸ μὲν εὐθὺς, τὸ δὲ καὶ διανοούμενον. Κίνησις γὰρ αὕτη μεγίστη δὴ τοῖς Ἕλλησιν ἐγένετο, καὶ μέρει τινὶ τῶν βαρβάρων, ὡς δὲ εἰπεῖν, καὶ ἐπὶ πλεῖστον ἀνθρώπων· τὰ γὰρ πρὸ αὐτῶν, καὶ τὰ ἔτι παλαιότερα, σαφῶς μὲν εὑρεῖν διὰ χρόνου πλῆθος ἀδύνατα ἦν· ἐκ δὲ τεκμηρίων, ὧν ἐπὶ μακρότατον σκοποῦντί μοι πιστεῦσαι ξυμβαίνει, οὐ μεγάλα νομίζω γενέσθαι, οὔτε κατὰ τοὺς πολέμους, οὔτε ἐς τὰ ἄλλα.

β'. Φαίνεται γὰρ ἡ νῦν Ἑλλὰς καλουμένη, οὐ πάλαι βεβαίως οἰκουμένη, ἀλλὰ μεταναστάσεις τε οὖσαι τὰ πρότερα, καὶ ῥᾳδίως ἕκαστοι τὴν ἑαυτῶν ἀπολείποντες, βιαζόμενοι ὑπό τινων ἀεὶ πλειόνων. Τῆς γὰρ ἐμπορίας οὐκ οὔσης, οὐδ' ἐπιμιγνύντες ἀδεῶς ἀλλήλοις, οὔτε κατὰ γῆν, οὔτε διὰ θαλάσσης, νεμόμενοί τε αὐτῶν ἕκαστοι ὅσον ἀποζῆν καὶ περιουσίαν χρημάτων οὐκ ἔχοντες, οὐδὲ γῆν φυτεύοντες (ἄδηλον ὂν, ὁπότε τὶς ἐπελθὼν, καὶ ἀτειχίστων ἅμα ὄντων, ἄλλος ἀφαιρήσεται) τῆς τε καθ' ἡμέραν ἀναγκαίου τροφῆς πανταχοῦ ἂν ἡγούμενοι ἐπικρατεῖν, οὐ χαλέπως ἀπανίσταντο. Καὶ δι' αὐτὸ, οὔτε μεγέθει πόλεων ἴσχυον, οὔτε τῇ ἄλλῃ παρασκευῇ. Μάλιστα δε τῆς γῆς ἡ ἀρίστη ἀεὶ τὰς μεταβολὰς τῶν οἰκητόρων εἶχεν· ἥ τε νῦν Θεσσαλία καλουμένη, καὶ Βοιωτία, Πελοποννήσου τε τὰ πολλὰ, πλὴν Ἀρκαδίας, τῆς τε ἄλλης ὅσα ἦν κράτιστα. Διὰ γὰρ ἀρετὴν γῆς, αἵ τε δυνάμεις τισὶ μείζους ἐγγινόμεναι, στάσεις ἐνεποίουν, ἐξ ὧν ἐφθείροντο, καὶ ἅμα ὑπὸ ἀλλοφύλων μᾶλλον ἐπεβουλεύοντο. Τὴν γοῦν Ἀττικὴν, ἐκ τοῦ ἐπιπλεῖστον, διὰ τὸ λεπτόγεων, ἀστασίαστον οὖσαν, ἄνθρωποι ᾤκουν οἱ αὐτοὶ ἀεί. Καὶ παράδειγμα τόδε τοῦ λόγου οὐκ ἐλάχιστόν ἐστι, διὰ τὰς μετοικίας, ἐς τὰ ἄλλα μὴ ὁμοίως, αὐξηθῆναι.

# GREC DU ONZE.

Θουκυδίδης Ἀθηναῖος ξυνέγραψε τὸν πόλεμον τῶν Πελοπον-
νησίων καὶ Ἀθηναίων, ὡς ἐπολέμησαν ἀλλήλους· ἀρξάμενος
εὐθὺς καθισταμένου, καὶ ἐλπίσας μέγαν τε ἔσεσθαι καὶ
ἀξιολογώτατον τῶν προγεγενημένων· τεκμαιρόμενος, ὅτι
ἀκμάζοντες τε ἦσαν ἀμφότεροι παρασκευῇ τῇ πάσῃ, καὶ τὸ
ἄλλο Ἑλληνικὸν ὁρῶν ξυνιστάμενον πρὸς ἑκατέρους, τὸ μὲν
εὐθὺς, τὸ δὲ καὶ διανοούμενον. Κίνησις γὰρ αὕτη μεγίστη
δὴ τοῖς Ἕλλησιν ἐγένετο, καὶ μέρει τινὶ τῶν βαρβάρων, ὡς
δὲ εἰπεῖν, καὶ ἐπὶ πλεῖστον ἀνθρώπων· τὰ γὰρ πρὸ αὐτῶν,
καὶ τὰ ἔτι παλαιότερα, σαφῶς μὲν εὑρεῖν διὰ χρόνου πλῆθος
ἀδύνατα ἦν· ἐκ δὲ τεκμηρίων, ὧν ἐπὶ μακρότατον σκοποῦντί
μοι πιστεῦσαι ξυμβαίνει, οὐ μεγάλα νομίζω γενέσθαι, οὔτε
κατὰ τοὺς πολέμους, οὔτε ἐς τὰ ἄλλα.

β'. Φαίνεται γὰρ ἡ νῦν Ἑλλὰς καλουμένη, οὐ πάλαι
βεβαίως οἰκουμένη, ἀλλὰ μεταναστάσεις τε οὖσαι τὰ πρό-
τερα, καὶ ῥᾳδίως ἕκαστοι τὴν ἑαυτῶν ἀπολείποντες, βιαζό-
μενοι ὑπό τινων ἀεὶ πλειόνων. Τῆς γὰρ ἐμπορίας οὐκ οὔσης,
οὐδ' ἐπιμιγνύντες ἀδεῶς ἀλλήλοις, οὔτε κατὰ γῆν, οὔτε διὰ
θαλάσσης, νεμόμενοί τε αὐτῶν ἕκαστοι ὅσον ἀποζῆν καὶ
περιουσίαν χρημάτων οὐκ ἔχοντες, οὐδὲ γῆν φυτεύοντες
(ἄδηλον ὂν, ὁπότε τις ἐπελθὼν, καὶ ἀτειχίστων ἅμα ὄντων.


## GREC DU ONZE ITALIQUE.

*Θουκυδίδης Ἀθηναῖος ξυνέγραψε τὸν πόλεμον τῶν
Πελοποννησίων καὶ Ἀθηναίων, ὡς ἐπολέμησαν ἀλλή-
λους· ἀρξάμενος εὐθὺς καθισταμένου, καὶ ἐλπίσας μέγαν
τε ἔσεσθαι καὶ ἀξιολογώτατον τῶν προγεγενημένων·*

Prix : 4 fr. 20 c. le demi kilog.

# GREC DU DOUZE.

Θουκυδίδης Ἀθηναῖος ξυνέγραψε τὸν πόλεμον τῶν Πελοποννησίων καὶ Ἀθηναίων, ὡς ἐπολέμησαν ἀλλήλους· ἀρξάμενος εὐθὺς καθισταμένου, καὶ ἐλπίσας μέγαν τε ἔσεσθαι καὶ ἀξιολογώτατον τῶν προγεγενημένων· τεκμαιρόμενος, ὅτι ἀκμάζοντές τε ἦσαν ἀμφότεροι παρασκευῇ τῇ πάσῃ, καὶ τὸ ἄλλο Ἑλληνικὸν ὁρῶν ξυνιστάμενον πρὸς ἑκατέρους, τὸ μὲν εὐθὺς, τὸ δὲ καὶ διανοούμενον. Κίνησις γὰρ αὕτη μεγίστη δὴ τοῖς Ἕλλησιν ἐγένετο, καὶ μέρει τινὶ τῶν βαρβάρων, ὡς δὲ εἰπεῖν, καὶ ἐπὶ πλεῖστον ἀνθρώπων· τὰ γὰρ πρὸ αὐτῶν, καὶ τὰ ἔτι παλαιότερα, σαφῶς μὲν εὑρεῖν διὰ χρόνου πλῆθος ἀδύνατα ἦν, ἐκ δὲ τεκμηρίων, ὧν ἐπὶ μακρότατον σκοποῦντί μοι πιστεῦσαι ξυμβαίνει, οὐ μέγαλα νομίζω γενέσθαι, οὔτε κατὰ τοὺς πολέμους, οὔτε ἐς τὰ ἄλλα.

β'. Φαίνεται γὰρ ἡ νῦν Ἑλλὰς καλουμένη, οὐ πάλαι βεβαίως οἰκουμένη, ἀλλὰ μεταναστάσεις τε οὖσαι τὰ πρότερα, καὶ ῥᾳδίως ἕκαστοι τὴν ἑαυτῶν ἀπολείποντες, βιαζόμενοι ὑπό τινων ἀεὶ πλειόνων. Τῆς γὰρ ἐμπορίας οὐκ οὔσης, οὐδ' ἐπιμιγνύντες ἀδεῶς ἀλλήλοις, οὔτε κατὰ γῆν, οὔτε διὰ θαλάσσης, νεμόμενοί τε αὐτων ἕκαστοι ὅσον ἀποζῆν καὶ περιουσίαν χρημάτων οὐκ ἔχοντες, οὐδὲ γῆν φυτεύοντες (ἄδηλον ὂν, ὁπότε τὶς ἐπελθὼν, καὶ ἀτειχίστων ἅμα ὄντων, ἄλλος ἀφαιρήσεται) τῆς τε καθ' ἡμέραν ἀναγκαίου τροφῆς πανταχοῦ ἂν ἡγούμενοι ἐπικρατεῖν, οὐ χαλέπως ἀπανίσταντο.

# GREC DU QUATORZE.

Θουκυδίδης Ἀθηναῖος ξυνέγραψε τὸν πόλεμον τῶν Πελοποννησίων καὶ Ἀθηναίων, ὡς ἐπολέμησαν ἀλλήλους· ἀρξάμενος εὐθὺς καθισταμένου, καὶ ἐλπίσας μέγαν τε ἔσεσθαι καὶ ἀξιολογώτατον τῶν προγεγενημένων· τεκμαιρόμενος, ὅτι ἀκμάζοντές τε ἦσαν ἀμφότεροι παρασκευῇ τῇ πάσῃ, καὶ τὸ ἄλλο Ἑλληνικὸν ὁρῶν ξυνιστάμενον πρὸς ἑκατέρους, τὸ μὲν εὐθὺς, τὸ δὲ καὶ διανοούμενον. Κίνησις γὰρ αὕτη μεγίστη δὴ τοῖς Ἕλλησιν ἐγένετο, καὶ μέρει τινὶ τῶν βαρβάρων, ὡς δὲ εἰπεῖν, καὶ ἐπὶ πλεῖστον ἀνθρώπων· τὰ γὰρ πρὸ αὐτῶν, καὶ τὰ ἔτι παλαιότερα, σαφῶς μὲν εὑρεῖν διὰ χρόνου πλῆθος ἀδύνατα ἦν· ἐκ δὲ τεκμηρίων, ὧν ἐπὶ μακρότατον σκοποῦντί μοι πιστεῦσαι ξυμβαίνει, οὐ μεγάλα νομίζω γενέσθαι, οὔτε κατὰ τοὺς πολέμους, οὔτε ἐς τὰ ἄλλα.

β΄. Φαίνεται γὰρ ἡ νῦν Ἑλλὰς καλουμένη, οὐ πάλαι βεβαίως οἰκουμένη, ἀλλὰ μεταναστάσεις τε οὖσαι τὰ πρότερα, καὶ ῥᾳδίως ἕκαστοι τὴν ἑαυτῶν ἀπολείποντές, βιαζόμενοι ὑπό τινων ἀεὶ πλειόνων.

Θουκυδίδης Ἀθηναῖος ξυνέγραψε τὸν πόλεμον τῶν Πελοποννησίων καὶ Ἀθηναίων, ὡς ἐπολέμησαν ἀλλήλους· ἀρξάμενος εὐθὺς καθισταμένου, καὶ ἐλπίσας μέγαν τε ἔσεσθαι καὶ ἀξιολογώτατον τῶν προγεγενημένων· τεκμαιρόμενος, ὅτι ἀκμάζοντές τε ἦσαν ἀμφότεροι παρασκευῇ τῇ πάσῃ, καὶ τὸ ἄλλο Ἑλληνικὸν ὁρῶν ξυνιστάμενον πρὸς ἑκατέρους, τὸ μὲν εὐθὺς, τὸ δὲ καὶ διανοούμενον. Κίνησις γὰρ αὕτη μεγίστη δὴ τοῖς Ἕλλησιν ἐγένετο, καὶ μέρει τινὶ τῶν βαρβάρων, ὡς δὲ εἰπεῖν, καὶ ἐπὶ πλεῖστον ἀνθρώπων· τὰ γὰρ πρὸ αὐτῶν, καὶ τὰ ἔτι παλαιότερα, σαφῶς μὲν εὑρεῖν διὰ χρόνου πλῆθος ἀδύνατα ἦν.

Prix : 3 fr. 25 c. le demi kilog.

Θουκυδίδης Ἀθηναῖος ξυνέγραψε τὸν πόλεμον τῶν Πελοποννησίων καὶ Ἀθηναίων, ὡς ἐπολέμησαν ἀλλήλους· ἀρξάμενος εὐθὺς καθισταμένου, καὶ ἐλπίσας μέγαν τε ἔσεσθαι.

Prix : 3 fr. le demi kilog.

## GREC DU QUARANTE.

Ἀθηναίων Ξέρξης Συρακουσίων τῶν Πελοποννησίων.

Prix : 3 fr. le demi kilog.

# *Papeterie.*

Les Papeteries que MM. Firmin Didot Frères ont établies
au Mesnil et à l'Estrées, près de Dreux, d'après les procédés les
plus récemment adoptés en Angleterre, peuvent fabriquer par jour
environ 200 rames de papier de toute qualité et de toute grandeur.
Cet établissement, par sa proximité de Paris, est en état de fournir
sur-le-champ les demandes les plus considérables.

Comme les variations dans le prix des matières premières font
changer souvent celui du papier, il serait impossible de fixer d'une
manière invariable la valeur de chacune des sortes qui s'y fabri-
quent, depuis les papiers moyens jusqu'aux superfins, soit pour
l'écriture, soit pour l'impression; mais on peut être assuré de trouver
toujours chez eux la modicité des prix unie à la qualité et surtout
à une constante uniformité dans la fabrication et dans la blancheur.

MM. Didot, consommant dans leur imprimerie une grande partie
des papiers qu'ils fabriquent, ont senti plus que personne la néces-
sité d'éviter les grains de sable et de gravier qui se rencontrent si
fréquemment dans les papiers, et qui endommagent les caractères
d'imprimerie bien plus que les tirages les plus nombreux. Ils ont
donc apporté tous leurs soins pour obvier à cet inconvénient, et
ils y ont heureusement réussi.

MM. les Imprimeurs qui désirent recevoir une Épreuve des Caractères, Fleurons, Vignettes et Armes de notre Fonderie, peuvent en faire la demande par la poste ; ils la recevront *franco*.

Il est juste de faire observer, à l'avantage des Caractères de la Fonderie de MM. Firmin Didot, que les forces de Corps mises en regard des anciennes dénominations ne leur correspondent pas exactement. Ainsi, par exemple, la force de Corps du caractère qu'ils ont désigné sous le nom de Douze ou Saint-Augustin ne correspond guère qu'à celle du Cicéro gros-œil des autres Fonderies ; généralement, les Caractères de la Fonderie de MM. Firmin Didot sont plus faibles d'un douzième et même d'un dixième que ceux du Commerce, ce qui est un avantage important pour l'Imprimeur, puisque, sur un poids donné, il gagne un douzième et même un dixième.

| ROMAIN ET ITALIQUE. | LE 1⧸2 KIL. fr. | c. |
|---|---|---|
| Quatre ou Perle: | 25 | » |
| Cinq ou Parisienne. | 18 | » |
| Six ou Nonpareille.. | 6 | » |
| Sept ou Mignonne. | 3 | 80 |
| Sept poétique | 3 | 90 |
| Huit ou Gaillarde. | 2 | 70 |
| Huit petit-œil | 3 | 30 |
| Huit poétique | 3 | 25 |
| Neuf ou petit Romain. | 2 | 30 |
| Dix ou Philosophie. | 2 | » |
| Onze ou Cicéro poétique. | 1 | 95 |
| Onze ou Cicéro. | 1 | 90 |
| Douze ou Saint-Augustin. | 1 | 80 |
| Quatorze ou gros Texte | 1 | 75 |
| Seize ou gros Romain. | 1 | 75 |
| Vingt ou petit Parangon. | 1 | 70 |
| Vingt-quatre ou gros Parangon. | 1 | 70 |
| Vingt-huit ou petit Canon. | 1 | 65 |
| Trente-six ou gros Canon. | 1 | 60 |
| Cinquante-six ou double Canon. | 1 | 50 |
| Russe du Neuf. | 4 | 50 |
| *Id.* de Dix. | 4 | 25 |
| *Id.* du Onze. | 4 | » |
| *Id.* du Douze | 3 | 80 |
| Grec du Six corps Sept | 10 | » |
| *Id.* du Huit. | 5 | » |
| *Id.* du Neuf. | 4 | 40 |
| *Id.* du Onze | 4 | 20 |
| *Id.* du Douze. | 3 | 90 |
| *Id.* du Quatorze. | 3 | 50 |
| *Id.* du Dix-huit. | 3 | 25 |
| *Id.* du Vingt-deux. | 3 | » |
| *Id.* du Quarante. | 3 | » |
| Allemand du Huit | 3 | 50 |
| *Idem* du Neuf. | 3 | » |
| *Id.* du Onze. | 2 | 50 |
| *Id.* du Dix-huit. | 2 | » |
| Hébreu sur le Onze | 4 | » |
| Copte sur le Douze. | 4 | » |
| Polonais sur tous les corps. | | |

### INITIALES OMBRÉES ET ORNÉES.

| | LE 1⧸2 KIL. fr. | c. |
|---|---|---|
| Du Seize. | 3 | 50 |
| Du Vingt | 3 | » |
| Du Vingt quatre | 2 | 50 |
| Du Vingt-huit | 2 | 25 |
| Du Trente-deux. | 2 | 25 |

### CARACTÈRES NOIRS, *manière anglaise.*

| | LE 1⧸2 KIL. fr. | c. |
|---|---|---|
| Seize romain et italique. | 1 | 70 |
| Vingt *Idem.* | 1 | 60 |
| Vingt-quatre *Id.* | 1 | 50 |
| Trente-deux *Id.* | 1 | 40 |
| Quarante. *Id.* | 1 | 30 |

| | LE 1⧸2 KIL. fr. | c. |
|---|---|---|
| Initiales du Sept. | 4 | 50 |
| *Id.* du Huit | 4 | 25 |
| *Id.* du Neuf. | 3 | 50 |
| *Id.* du Onze. | 3 | » |

### CARACTÈRES D'ÉCRITURE.

| | LE 1⧸2 KIL. fr. | c. |
|---|---|---|
| Anglaise du Douze | 8 | » |
| *Idem.* du Seize | 5 | 25 |
| *Id.* du Vingt | 4 | 75 |
| *Id.* du Vingt-huit. | 4 | 50 |
| *Id.* du Trente-six | 4 | 25 |
| *Id.* du Quarante-huit. | 4 | 10 |
| *Id.* du Cinquante-six | 4 | » |
| *Id.* du Quatre-vingt-quatre | 3 | 90 |
| *Id.* du Cent-vingt. | 3 | 75 |
| Ronde du Dix. | 5 | 50 |
| *Idem.* du Quatorze. | 5 | » |
| *Id.* du Seize | 4 | 50 |
| *Id.* du Vingt. | 4 | 25 |
| *Id.* du Vingt-huit. | 3 | 75 |
| *Id.* du Trente-six | 3 | 60 |
| *Id.* du Cinquante-six. | 3 | 40 |
| *Id.* du Soixante-dix | 3 | 20 |
| *Id.* du Quatre-vingt-quatre. | 3 | 10 |
| *Id.* du Cent-vingt. | 3 | » |
| Gothique ornée du Seize. | 4 | 50 |
| *Idem.* du Vingt. | 4 | 25 |
| *Id.* du Trente-six. | 4 | » |
| *Id.* du Cinquante-six. | 3 | 50 |
| *Id.* du Quatre-vingt-quat. | 3 | 10 |
| Gothique allemande du Neuf. | 4 | 50 |
| *Idem.* du Douze. | 4 | » |
| *Id.* du Seize | 3 | 50 |
| *Id.* du Vingt-quatre | 3 | » |
| *Id.* du Trente-six. | 2 | 50 |
| *Id.* du Quarante-huit | 2 | 50 |
| Accolades et filets anglais fondus sur le corps six. | 4 | 25 |
| Filets de Deux points | 2 | » |
| *Idem.* de Trois points | 1 | 75 |
| *Id.* de Six points. | 1 | 60 |
| *Id.* de Huit points | 1 | 50 |
| *Id.* de Neuf et de Douze points | 1 | 40 |
| Filets azurés sur tous les corps. | 2 | » |
| Filets tremblés, corps Six | 4 | » |
| Interlignes d'un point | 2 | 60 |
| Un point et demi. | 2 | » |
| *Idem.* de Deux points. | 1 | 50 |
| *Id.* de Trois points et au-dessus. | 1 | 40 |
| Initiales romaines et grecques, sur tous les corps. | | |
| Assortiment de vignettes et fleurons. | | |